AF354587

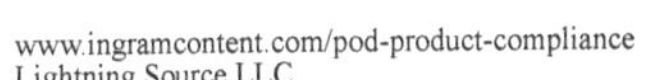

* 9 7 8 9 3 5 8 7 2 0 8 0 8 *

عالم عین

(غزلیں)

مصنف:

کرشن کمار طور

ISBN 978-93-5872-080-8

کتاب	:	**عالمِ عین** (غزلیں)
مصنف	:	کرشن کمار طور
صنف	:	شاعری
ناشر	:	تعمیر پبلی کیشنز (حیدرآباد، انڈیا)
زیرِ اہتمام	:	تعمیر ویب ڈیولپمنٹ، حیدرآباد
سالِ اشاعت	:	سنہ ۲۰۲۳ء
تعداد	:	(پرنٹ آن ڈیمانڈ)
طابع	:	تعمیر پبلی کیشنز، حیدرآباد –۲۴
صفحات	:	۱۱۰
سرِ ورق ڈیزائن	:	تعمیر ویب ڈیزائن

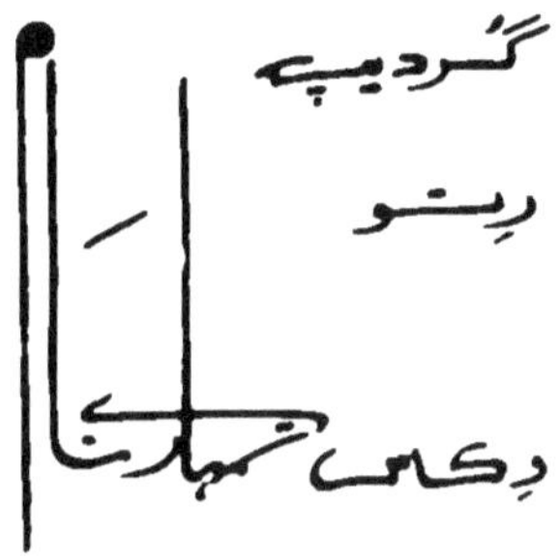
گُردیپ
ریشو
دکاش جھمارنا

ہوں یہیں بھی اس کا مرا بست و دو دگی اس کا ہے
سفر بھی اس کا ہے نادِ سفر بھی اسس کا ہے

گو ہوں کم امکاں مگر اس کی دسترس میں ہوں
ہنر بھی اس کا ہے سودِ ہنر بھی اس کا ہے

ہر ایک ٹکڑے سے وہ میری نجات کا حاصل
کنا ہے اس کے اگر ہیں جھنور بھی اس کا ہے

جلا کے راکھ کرے وہ کہ فصلِ روشنی دے
دیا ہے اس کا اگر تو یہ گھر بھی اس کا ہے

جو وہ دکھائے گا مجھ کو ہیں یہ دیکھوں گا
نظر بھی اس کی ہے ذوقِ نظر بھی اس کا ہے

اگر وہ چلے تو بھر دے یہ جھولیاں میری
ثمر ہیں اس کے اگر تو شجر بھی اس کا ہے

یہی بہت ہے کہ کشتِ سخن ہری تو ہے
کہ نفعِ قرب بھی رنجِ ہجر بھی اس کا ہے

وہی ہے کم طلبی تو وہی گراں سایہ
سراپا آنکھ بھی اس کی گہر بھی اس کا ہے

ہیں تو چلنے سے ہے کام طورؔ چلتے ہیں
سفر نما بھی وہی ہے سفر بھی اس کا ہے

اپنی اپنی انا کے دونوں دم آثار
دیکھوں پہلے سر جھکتا ہے یا تلوار

اب ملنا کچھ کھیل نہیں ندی ناؤ سنجوگ
میں ہوں اس پار تو وہ دریا کے اس پار

تازہ ہوگی پھر سے جاں میں لہو کی فصل
شب تاریک ہے اور دشمن لشکر تیار

وادئ وحشت میں قدم رکھنے سے کیا ڈرنا
مٹی تو ہو نلہ ہے اس دل کو آخر کار

باہر کے سب منظر میلے ہو جائیں
کھولوں جو میں آنکھوں کے پوشیدہ اسرار

جان سے جانے پر ہی یہ کھل پائے گا
آویزاں ہے جو میرے سینے میں اظہار

اس کی انگوٹھی میں چمکوں میں نیلم سا
ٹھہر اگر وہ دیکھے مجھ کو فقط اک بار

میں منظر، یوں پس منظر سے میرا رشتہ بہت
آخر میری پیشانی پر سورج چمکا بہت

جانے کون سے اسمِ اعظم کے ہم زندانی تھے
تیرے نام کو لے کر ہم نے خود کو چاہا بہت

ان سے کیا رشتہ تھا وہ کیا میرے لگتے تھے
گرنے لگے جب پیڑ سے پتے تو میں رویا بہت

کیسی مسافت سامنے تھی اور سفر تھا کیسا ہلکو
میں نے اس کو اس نے مجھ کو مڑ کے دیکھا بہت

کس کے دستِ سوال میں ہے اک لبِ چپ کا چراغ
جھانکتا ہے کیوں اک گھر کی کھڑکی سے کوئی چہرہ بہت

بے دریا کے لمس پہ نازاں اک کاغذ کی ناؤ
سورج سے باتیں کرتا ہے ایک دریچہ بہت

ساری عمر کسی کی خاطر سولی پہ لٹکا رہا
شاید طورؔ میرے اندر اک شخص تھا زندہ بہت

زیست کی ساری اڑان بان فنا آمادہ
یہ درز دیوارِ مکان فنا آمادہ

جو بھی نکلتے ہیں الفاظ زوال پذیر
جو بھی کہتی ہے زبان فنا آمادہ

ایک یہی زنجیرِ تعلق کی قائم
تیرے میرے درمیان فنا آمادہ

بس اک اس کے نام کو دوامِ جہاں میں
باقی جو بھی ہے بیان فنا آمادہ

راکھ ہوا جماتا ہوں اک اندر سے میں
یہ کیسا ہے امتحان فنا آمادہ

پھول ستارے چڑیا دشت سمندر یہ
یہ تو سارے ہی نشان فنا آمادہ

طورؔ اک زندہ رہنے والی بستی دو
یہ دھرتی یہ آسمان فنا آمادہ

میں اک خالی کشتی دریا اور ہے اب
دیکھوں تو نیرنگ تماشا اور ہے اب

ایک قدم منزل کے آگے اور دھروں
میرے لہو کی پیاسی دنیا اور ہے اب

میری ذات کی گہرہیں کھلتی جاتی ہیں
میرے اندر کوئی تماشا اور ہے اب

گونج رہا ہوں جیسے کوئی خالی مکاں
اک آسیب آنکھوں نے دیکھا اور ہے اب

وہ جو پہلے بند کتاب کے بیچ سا تھا
آج کھلا تو میں نے دیکھا اور ہے اب

میں بھی شگاف کروں باہر کی دنیا میں
آخر کار یہ دل بھی تنہا اور ہے اب

میں نے اس کو چھپا لیا جی بھر کر طور
اس کے آگے میری دنیا اور ہے اب

بے منظر اس دنیا کو اک منظر دے
دے بے کوئی نشانی تو میرا سر دے

دے شادابی دل سے نکلی دعاؤں کو
بند صدف سی اس مثنی کو گوہر دے

بھر دے میرا آنگن دھوپ سے پھولوں کی
اور سایہ ماں باپ کا میرے سر پہ دے

کوئی سندیسہ آسمان سے اترے تو مرا
میرے بام کو اک اجلا سا کبوتر دے

پیار کی اک اک بوند کو یوں ترسا ہوں بہت
اب تو مری خالی گاگر کو ساگر دے

یہ دنیا نیرنگ معجزہ ڈھونڈتی ہے
میرے ہاتھوں میں دستِ پیغمبر دے

پھر سے جوت جگا طورؔ کی ان آنکھوں میں
پھر سے لہو کی دھار کو اک مشتِ بر دے

ساحل سے پیچھے سمندر گہرا پانی
گھر مٹی گھرے باہر گہرا پانی

یہ اسرار ہے ظاہر اس کے ہونے کا
منظر ہو یا پسِ منظر گہرا پانی

دل کو کیا دیکھتے ہو اے دیکھنے والو
باہر خشکی اور اندر گہرا پانی

ڈوب کے ہی میں شاید پار نکل جاؤں
میرا کیا میرے اندر گہرا پانی

وقت کب اک سی حالت رہنے دیتا ہے
ہو جاتا ہے ریت اکثر گہرا پانی

آسمان پر چاند چمکتا ہے خالی
نیچے ہے پوشیدہ گوہر گہرا پانی

بے پایاں کرتا ہوں طور اپنے کو میں
اک خالی مشت میں بھر کر گہرا پانی

میں تو اک پتھر ہوں اپنے آنگن میں
اور وہ کھلتا ہے اک پھول سا گلشن میں

جانے کیا کیا سامنے آنے والے ہے
ایک آئینہ میں بھی رکھ لوں دامن میں

میری خاک ہی میرا حوالہ ہے شاید
میں ہی چمکتا ہوں آنکھوں سارو زن میں

میری اس سے دوری کی ہی پہچان سہی
لیکن وہ روشنی تو ہے میرے اس من میں

اس کے ہر اک دار پہ صدقے جاتا ہوں
جانے میں نے دیکھ لیا کیا دشمن میں

اتنی نشانی ہی کافی ہے اس کے لئے
ایک گلاب کا پودا ہے میرے آنگن میں

کس کو میں دنیا سے چھپا کر رکھتا ہوں تو
کیا ہے اک مٹی کے سوا اس دامن میں

اک آئینہ خود کے برابر کیا کم ہے
جو کچھ ہے سینے کے اندر کیا کم ہے

اب کس ہاتھ پہ آسمان میں جست بھروں
پیروں سے چھپکا ہوا سمندر کیا کم ہے

کیوں آنکھیں اک دور انفق میں دیکھتی ہیں
بڑی ہوئی یہ لکیر زمیں پر کیا کم ہے

کچھ ابھرا تو ہے آنکھوں کے پردے پر
اس کے ہاتھ میں یہ اک خنجر کیا کم ہے

اس سے زیادہ اور کی خواہش کیا ہے مجھے
میرے بدن کو درد کا بستر کیا کم ہے

ہر اک امتحاں میں پورا اترا ہوں
میری انا کو اک میرا سر کیا کم ہے

وہ کیوں باہر پھلجھڑیاں سی چھوڑ تلے ہے
تھوڑا تماشا میرے اندر کیا کم ہے

نہ نکہتِ عالم ہو اور نہ خیمہ خوشبو
اک اس کی روشنی سے آئینہ ہیں میں اور تو

رہے جو دل میں تو اس کی امانتِ صد فخر
جو ہو لبوں سے شناسا تو ایک اللہ ہو

ہے خود پسندی کا ننگِ سراب کس کے لئے
جو اس دیار میں پہنچے تو میں ہوں اور نہ تو

نشاں ہو کوئی بھی نقشِ قدم تو اس کے ہیں
کہیں پہ گرد چمکتی ہے اور کہیں جگنو

ہے آفتاب اگر وہ درِ یچہ میں بھی ہوں
اگر وہ قبلہ نما ہے تو میں ہوں قبلہ رو

ہے قطرہ دریا کے اندر تو دریا قطرے میں
کنارِ بحر زیادہ ہے اور نہ کم لبِ جو

اگر نگاہ نہ اس کی پڑے تو خاک ہے طور
گرفتِ آب یہ موتی یہ تازہ تر آنسو

اپنے ہونٹوں پہ اک دنیا روشن کر
تیرے دل میں بھی ہے خدا روشن کر

اب تو یہیں اک جلنے امان باقی ہے
آنکھیں کھول ظلم انا روشن کر

کھول دے جتنے قفل ہیں دروازوں کے
جو کچھ بھی ہے اپنے سوا روشن کر

آنکھوں کو نم، لب لرزیدہ کرے
تو اب اک ایسی ہی دعا روشن کر

چنی چپ کے سحر میں ہیں سارے نئے
لفظ لہو سے بزم ذرا روشن کر

نئے سرے سے خود اپنے کئی پہچان
طاق پر رکھ ہوا دیا روشن کر

اپنے لہو سے لکھ کتاب زیست کو طورؔ
اور اس کے باتوں کی جِنا روشن کر

بد بھی چیز یہاں سے آنی جانی ہے
دنیا کا کیا ہے دنیا تو فانی ہے

دل تو نہیں کرتا پھر بھی ہم زندہ ہیں
اور یہی بس اِک کار لاثانی ہے

جیسے لوٹ کے آئے اِک گنبد کی صدا
آئینہ دیکھ کے مجھ کو خود حیرانی ہے

ایک حباب کی آخر ہے اوقات ہی کیا
دیوانی ہے یہ دنیا دیوانی ہے

اِک مٹی کے کھلونے سے کیا اُمید نو
دل کے اندر باہر تو دیرانی ہے

جی خوش ہو تو لگتا ہے آباد جہاں
ہے سرسبز آنکھ تو ہر موسم دھانی ہے

دونوں طرح سے زیاں ہے اب اِس دل کا طور
رُکے تو مٹی اور چلے تو پانی ہے

کائناتوں کو گلاب دے رہا ہوں
دنیا کو کتاب دے رہا ہوں

ہر دل میں اگا رہا ہوں سورج
ہر آنکھ کو خواب دے رہا ہوں

جو لوگ قریبِ جاں ہیں ان کو
زخموں کا حساب دے رہا ہوں

سجدے میں جھکا رہا ہوں سر کو
سورج کو جواب دے رہا ہوں

لوٹتا ہوں جسے مثلِ وحشی
آنکھوں کو سراب دے رہا ہوں

خود سے بھی ہوں دل کچھ اب گریزاں
یہ کیسا حساب دے رہا ہوں

باتوں میں حرفِ دشمن کے دشمن
اسے طورؔ کتاب دے رہا ہوں

خیرہ آنکھوں کو کر دے وہ منظر نکلا
دیکھو تو اک دشت سے کیسا سمندر نکلا

کسی نیاں کے نقوش دل پہ قائم ہیں
یہ دیوانہ تو امید سے بڑھ کر نکلا

یہ کیسا آسیب دلوں پر چھایا ہے
دستک پر کوئی نہ گھر سے باہر نکلا

زندگی جیسے ہر لمحہ اک داؤ پہ تھی
دنیا میں رہنا تو ایک سونمبر نکلا

مجھے بھی اس سر کی آرائش لازم تھی
وہ بھی پھول پھینکنے میں برا بر نکلا

گریہ لب سے خنداں ہوتا رہتا ہوں
یہ موسم میرے اندر سے اکثر نکلا

دل کی ویرانی کا کیا ذکر کروں طور
یہ منظر تو دیکھا ہوا منظر نکلا

دیکھو تو انہونی سمجھو تو اشارہ ہے
جیون جوگی کے باتوں میں اکتارا ہے

دور سے سارے منظر اچھے لگتے ہیں
دور سے دریا تو خود ایک کنارہ ہے

گرتی ہوئی دیوار سے اب مت پیٹھ لگا
دل کا بھرم رکھنے میں بڑا خسارہ ہے

جانے ہم پر کیا گزرے اس لمحے کے بعد
ہنس لیں ہم جب تک جینے کا یارا ہے

کون بھلا میرے لہو سے گلنار ہوا
کس نے میرے سینے میں خنجر مارا ہے

آسمان سے ایک لکیر اتری تو ہے
میرے حق میں شاید یہی اشارہ ہے

انکھو طورؔ مانگ لو جو کچھ مانگنا ہے
رات کی جھولی میں ابھی ایک ستارہ ہے

اک کاگو نٹ سمندر، اک کا پیکر پیاس
پانی آبِ حیات اور سکندر پیاس

امرت بوند آسمان سے ٹپکا پانی
گرم توے پر اک پرندۂ بے پر پیاس

بیچ کی ایک لکیر ہی اب فیصلہ کرے
کس کے بازو پانی کس کی چادر پیاس

دونوں مہرِ شعلۂ ذات، دونوں اسیرِ انا
دریا کے لب پر پانی دشت کے لب پر پیاس

رنگِ لہو سے گلگوں آبِ نہرِ فرات
عہدِ وفا کا آئینہ ایک سمندر پیاس

شاید اک خنجر ہی دل شاداب کرے
وہ اک تنہا پیاسا میری گھر بھر پیاس

کٹورے دہی جمّا ہے غمِ ارزانی کا
باہر کی سمت نقش ہے جو اک پتھر پیاس

اک کبوتر سائباں پر چاند چھت پر دیکھنا
دیکھیے اب کیا دکھائے ایسے منظر دیکھنا

ہوتی ہے ان آئینوں سے کب نمایاں زندگی
پہلے خود مٹی تو ہو لے پھر یہ جوہر دیکھنا

اک لہو ٹپکا ہوا محفل یہ محفل ڈھونڈنا
اک نظر ہنستی ہوئی منظر یہ منظر دیکھنا

دیر تک سورج کو رکھنا اس نظر کے سامنے
دور تک اک بے درو دیوار کا گھر دیکھنا

ڈھونڈنا تو زندگی میں غم کے پہلو ڈھونڈنا
دیکھنا تو ایک موجِ خوں برابر دیکھنا

دل میں ہو گلزار تو پھر کیا نمائش باہری
دشت اگر آنکھوں میں ہو تو کیا سمندر دیکھنا

اس کا رشتہ کب کا ہو چکا ہے ختم طورؔ
اب لہو کو رائیگاں دعرتی کو بنجر دیکھنا

ایک دیا دہلیز پہ رکھا بھول گیا
گھر کو لوٹ کے آنے والا بھول گیا

یہ کیسی بے آب زمیں کا سامنا تھا
خود کو قطرہ قطرے کو دریا بھول گیا

میں تو تھا موجود کتاب کے لفظوں میں
وہ ہی شاید مجھ کو پڑھنا بھول گیا

کس کے جسم کی بارش نے سیراب کیا
کیوں اڑنا موسم کا پرندہ بھول گیا

آخر یہ ہونا تھا آخر یہی ہوا
دنیا مجھ کو اور میں دنیا بھول گیا

میں بھی ہوں منسوب کسی کے قتل سے اب
سورج میری چھت پہ چمکنا بھول گیا

وفا کا کھونا سکھا گب تک چلتا طور
اچھا ہوا جو اپنا پرایا بھول گیا

میں اس سے وہ مجھ سے غافل کیا
کام تو مشکل سے ہے مگر مشکل کیا

کوئی کسی کی خبر نہیں لیتا
بدلے زمانے کے ساتھ اب دل کیا

جو ہر حرفِ سبز کا دشمن ہے
ہوں میں اس شخص کے مقابل کیا

کسی پہ کوئی اثر نہیں کرتا
ہوگئ شعر اب میرا باطل کیا

پاؤں پہ تحریر اگر مسافت ہے
منزل کیا اور دوری منزل کیا

ہر شے کا مقدر جب مٹی ہے
تو پھر حاصل کیا لا حاصل کیا

اپنی اپنی انا کے دونوں اسیر
کیا مقتول اب نظر اور قاتل کیا

کیا بولوں کیسی ارزانی میری تھی
وہ سورج تھا اور پیشانی میری تھی

جتنے بھی موجود تھے منظر اس کے تھے
اور آنکھوں کی سب حیرانی میری تھی

اب دیکھوں تو ناممکن سا لگتا ہے
یہ دنیا اک دن دیوانی میری تھی

میں نے لہو سے کیا ہے لفظوں کو سرسبز
میری بصیرت کی ارزانی میری تھی

فرق ہیں کیا تھا سر جاتا یا رہ جاتا
جب پچ کی فصلِ امکانی میری تھی

میں ہی ہوا میں انگلیوں سے لکھتا تھا
اب جتنی بھی تھی حیرانی میری تھی

کیسے کٹتی یہ زنجیرِ تعلق طورؔ
جب دنیا بھر کی ویرانی میری تھی

راز ہی کچھ ایسا تھا کوئی بولا نہیں
اس کو دیکھ لیا اللہ اسے دیکھا نہیں

یا تو ایسے فخر کے تو ناقابل تھا
یا پھر میں نے تجھ کو لوٹ کے چلا نہیں

دیکھتا ہوں دنیا کو بڑی حقارت سے
میری آنکھیں جیسے میں راجہ تھا نہیں

جیسے ہو لبے دل کا شیشہ گرے صاف
کوئی بھی سارے جہاں میں اب بیگانہ نہیں

برسوں سے ہوں میں اسی وہم میں گرفتار
یا تو یہ دنیا نہیں یا پھر مجھ سا نہیں

پڑا ہوا ہوں تہہ میں گہرے سمندر کی
اس نے مجھ سا موتی کیوں چمکایا نہیں

جتنا اُگمد رنگ ہے طورؔ ان آنکھوں کا
شاید آسمان بھی اتنا نیلا نہیں

کبھی نیند سے اِن آنکھوں کو بھر ناکیا
اب یہ بات جو کہہ دی تو مکرناکیا

دیکھیں کس کو کتنا شوق ہے ہونے کا
جب دنیا سے مِٹن ہی لگی تو ڈرناکیا

بس اک جائیداد کا جھونکا سمجھو ہمیں
ہم جیسوں کا جینا کیا مرناکیا

یہ دنیا جو ہاتھ سے جائی ہے تو جائے
ایک متاعِ خواب کو رکھ کر کرناکیا

خود ہی خواہش کی نئی ترکیب تعلق کی
یہ الزام کسی کے سر اب دھرکیا

کیوں گھبرانا بند کتاب کے کھلنے سے
کلّہ زیاں بعذیت اگر تو ڈرناکیا

آؤ اپنے آپ کو بھی پہچانیں طورؔ
آنکھیں موند کے اِس عالم سے گزرناکیا

اس سے زیادہ بھی ہے کوئی خبر ہوا میں
میری عمر ہو رہی ہے بسر ہوا میں

ایسا زیاں پہلے تو کبھی نہ دیکھا تھا
بکھر رہے ہیں اوراقِ ہنر ہوا میں

تنہا مسافت کا غذاب کہ دیرائی جاں
کمھ تو ہے جو لکھتے ہیں شجر ہوا میں

سورج اس تیزی کی تاب نہ لائے گا
کر رہا ہوں میں تو اپنا سفر ہوا میں

اب اس پر کیا گزرے کون بھلا جانے
وہ جو ہوا ہے خود ہی ہوا بدر ہوا میں

دور افق پر سے ہے روشن چہروں کا ہجوم
اڑتی پھر رہی ہے شاید محشر ہوا میں

اکے میں ہی نہیں کھور جہاں میں سرگرداں
اب تو وہ بھی ہے شریکِ سفر ہوا میں

پھر دن آ گئے کڑے امتحان والے
کہ نہ چپ کیوں رہتے یہ زبان والے

ان کے بدن سے پرے کیوں نظر نہیں آتا
اک لمحے میں کیا ہوئے سب نشان والے

کتنی اونچی منڈیروں پر جا بیٹھے ہیں
بس اک مٹی کی ڈھیری سی جان والے

کس چہرے سے کر رہے ہیں روشناس مجھے
دکھا رہے ہیں کیا آئینہ یہ جہان والے

ایک کربلا میرے اندر بھی ہے گل ریز
دیکھیں تو ذرا لہو کے نشان والے

دھوپ میں انا کا پرچم کھلا ہوا ہے
پانی ہے اور اونچے بادبان والے

یہ تم نے کیا روگ لگا رکھا ہے طور
مجھ سے حساب پوچھتے ہیں سب جہان والے

زمیں کو خون سے رنگنے کی تیاری ہے
سامنے لائے اب جس جس کی باری ہے

ہاتھ ملوں گا کیا کہ ہی اپنے خالی دامن میں
صبح ہوئی اب چلنے کی تیاری ہے

کب تک سر میں انا کو زندہ رکھو گے
یہ پتھر تو خود اپنے پر بھاری ہے

موت حیات ہیں زیست کے دو پہلو یعنی
اک تماشا ختم ہوا اک جاری ہے

چھایا ہے اک طلسم سا آنکھوں کے آگے
اس کو دیکھنے میں بھی اک دشواری ہے

آسمان کو رکھ لوں میں بھی سینے پر
میری اس سے بڑے دلوں کی یاری ہے

اس کا بلاوا آنے کی بس دیر ہے طورؔ
میری طرف سے چلنے کی سب تیاری ہے

خود سے آنکھ ملاؤ گے لیکن کب تک
گھر سے نہ باہر آؤ گے لیکن کب تک

کیا اسرار ہے میرے ہونے نہ ہونے کا
یہ گتھی سلجھاؤ گے لیکن کب تک

تم ٹھہرے اک اوس کی بوند اور وہ سورج
اس سے آنکھ ملاؤ گے لیکن کب تک

میرا تمہارا جنم جنم کا رشتہ ہے
میرے پاس نہ آؤ گے لیکن کب تک

اب تو کاجل رات ۔ بسی آنکھوں میں اتری
دل میں پھول کھلاؤ گے لیکن کب تک

کنڈلی مار کے جو بیٹھا ہے میرے من میں
اس ناگن کو جگاؤ گے لیکن کب تک

کب تک اس کے ذکر کو زندہ رکھو گے
ایسے شعر سناؤ گے لیکن کب تک

خود تو بکھرا ہوا ہوں زد میں زمانے کی
بات مگر کرتا ہوں سورج دکھانے کی

یا مشیزہ یا پھر میرے ہاتھ رہیں
کوئی ہو صورت خود سے آنکھ ملانے کی

کرنا ہے تو میں خود کو زنجیر کروں
وصل کی شب تو کم ہے اسے منانے کی

کیوں وہ اپنے راز سے واقف کرتا ہے
کیوں وہ چابی دیتا ہے مجھے خزانے کی

اس کا لمس زمیں سے میں پہچانتا ہوں
اسے ضرورت کیا ہے سامنے آنے کی

تم کو ہے دنیا سے امید مہرِ وفا
تم بھی بات بہت کرتے ہو بہلانے کی

طورؔ اگر کرنی ہے تو کچھ تدبیر کرو
اپنے دل میں پیار کی جوت جگانے کی

اک خالی چاند ہی لب پر جو رکھنا تھا
اس کے ہجر کا یہ بھی پہلو رکھنا تھا

سب کا دامن موتیوں سے بھرنے والے
میری آنکھ میں بھی اک آنسو رکھنا تھا

سورج کرنا تھا میری پیشانی کو
اس مٹی میں یہ بھی جادو رکھنا تھا

کس کی آنکھیں کب اس کی آنکھیں حرف ہوئیں
پتھر تھے تو خود پر قابو رکھنا تھا

جب حاصل لاحاصل دونوں ایک سے تھے
پھر خود کو نہ اسیرِ من و تو رکھنا تھا

یاد کا خنجر اتارنا تھا سینے میں
دیر تک اک منظر کو خوشبو رکھنا تھا

اک عالم سے بھر کر اس کی جستجو
اپنی تھیلی پر برگِ آہو رکھنا تھا

روشن کرکے اسکے نام کی لو دل میں
میں نے بھی اس کو ڈال دیا اک مشکل میں

یہ آوازیں میری ہی پیدا کردہ ہمیں
گونج رہا ہوں میں دنیا کے ہر دل میں

میں بھی آنکھ کی اوٹ میں چھپ کے بیٹھا تھا
وہ بھی ڈھونڈ رہا تھا مجھ کو محفل میں

چوم رہا ہوں اس کے اک اک دار کو میں
جانے میں نے دیکھ لیا کیا قاتل میں

اس کو لہو کہو یا نقش شعلۂ جاں
بس اک موج سراب تھی اس دل میں

اس کو کھونا اصل میں اس کو پانا ہے
حاصل کا ہی پرتو ہے لا حاصل میں

یہ اسرار کھلا بھی تو جہاں دینے پر
غور نہاں تھا یاں بھی کہیں اس کے دل میں

بھولی ہوئی کتاب کبھی لکھ کے دیکھنا
اس زندگی کو خواب کبھی لکھ کے دیکھنا

سائے کو کیسے کرتا ہے معدوم سرے سے وہ
سورج کا یہ عذاب کبھی لکھ کے دیکھنا

چھپائیں گی زندگی پہ دھنک رنگ چادریں
دل کو گلِ آفتاب کبھی لکھ کے دیکھنا

کیا کیا فسوں کھلیں گے ان آنکھوں کے سامنے
اپنے کو اک حباب کبھی لکھ کے دیکھنا

تہمت آفتوں سے کبھی خود کو جاننا
دنیا کو ہم رکاب کبھی لکھ کے دیکھنا

چونک اٹھنا اپنے آپ کبھی چپ کے خون سے
با رنگِ جرس کو خواب کبھی لکھ کے دیکھنا

تیرہ دلوں کو دینا کوئی چمکِ آفتاب
اے طورؔ یہ حساب کبھی لکھ کے دیکھنا

خوشبو کو درکار تھا دروازہ کیسا
پنجرہ توڑ کے دیکھو میں سے نکلا کیسا

مجھے مرنے کی فرمائش کرتا ہے
میرا بھی ہے اک چاہنے والا کیسا

حدِ نظر تک ویرانی ہی مقدر تھی
خواب جنے تھے کہاں کے اور نقشہ کیسا

کیوں وہ دھوپ کو اندر نہیں آنے دیتا
اس نے در پر لگا دیا تالا کیسا

پہلے کتنی روانی تھی دل کے لہو میں
اب پایاب ہوا ہے یہ دریا کیسا

تیرے ہونے سے تھی سب میں مری پہچان
تو جو نہیں ہے تو میں ہوں اکیلا کیسا

اب تو سب کچھ مجھ میں خیال و خواب ہوا
آنکھ کہاں کی طور اور تماشا کیسا

اسی نقطہ پہ دل کو لانا ہے
کون دنیا میں آکے ٹھہرا ہے

کیسے رشتہ زمیں سے ٹوٹے گا
میری مٹی مرا حوالا ہے

بے زمیں ساری اُس پاس سفید
وہ بھی کیا آنکھ موتی رو دیا ہے

اس نے شاید کیا ہے یاد مجھے
میرے چاروں طرف اجالا ہے

ایک چپ کی ہی بازگشت ہیں
گھر سے باہر کوئی تو آیا ہے

بٹ رہا ہوں میں دشمنوں کے بیچ
میرے ہاتھوں میں کیا نوشتا ہے

اس کی نخوت ہی تو ایسی تھی
میں نے پوچھا نہیں وہ کیسا ہے

خود کے کھو جانے کا ڈر سب سے کبھی نہ تھا
اس رستے میں اس کا گھر سب سے کہیں نہ تھا

صحراؤں میں خاک اڑا کے یقین ہوا
یہ منظر اک لا منتظر سے کہیں نہ تھا

اس کے آگے جھکنا جھکنا لا حاصل
تیرا سر بھی آخر سر سے کبھی نہ تھا

اب اس حرف کو اپنے خون سے روشن کر
اس کی آرزو اک خنجر سے کہیں نہ تھا

اپنے آپ کو پہچانا تو بھید کھلا
اک دنیا تیرے اندر سے کہیں نہ تھا

تو نے جس کی خاطر پاؤں چوم لیا
وہ بے ہمت ساحل پر سے کہیں نہ تھا

تو ہی اسے ہوا میں اڑا کے شاد ہے طورؔ
تیری خاک تو مٹی بھر سے کبھی نہ تھا

سامنے آتا ہے نہ دکھائی دیتا ہے
دورے سے بس اک شور سنائی دیتا ہے

اک میں ہوں جو سب کچھ پا کے بھی ناشکرا
اک وہ ہے جو محرومؔ دِ خدائی دیتا ہے

جانے کیا لکھتا ہے موجِ آب سے اب
پانی میں اک ہاتھ دکھائی دیتا ہے

میری خاک کو یوں رکھتا ہے وہ رقصاں
اِن ہاتھوں میں دستِ ہوائی دیتا ہے

دل میں اندھیرا ہو تو سورج بے معنی
میں کب سنتا ہوں جو سنائی دیتا ہے

رکھ کے کشش زمین کی میرے پاؤں میں
وہ مجھ کو دنیا سے رہائی دیتا ہے

اتنی فضیلت میرے بھلا کس کام کی ہے
طورؔ مجھے کیوں اب وہ دکھائی دیتا ہے

فریاد کہ جو ہے خواب ۔۔۔۔ ہم پر
موسم ہے دہی جناب ۔۔۔ ہم پر

اب وقت ہے خود کو جلانے کا
اب اترے کوئی کتاب ۔۔۔ ہم پر

یہ دریا ہوا ہے نوکِ خنجر
یہ پیاس ہوئی سراب ۔۔۔ ہم پر

لکھتے بھی کیسا عالم پریشاں
واجب تھا کوئی جواب ۔۔۔ ہم پر

جاگے بھی تو سوئے ہوئے ہیں
ہے نقشِ نشاطِ خواب ۔۔۔ ہم پر

ہے شاخِ امید بار آور
ہے سنگ بھی اب گلاب ہم پر

لے طور وہ سب پہ مہرباں تھا
بس ایک رہا عتاب ۔۔۔ ہم پر

نشاطِ وصل بھی ہوں شعلگی درد بھی میں
بہوں برگِ سبز بھی ہوں اندشاخِ زرد بھی میں

مجھی سے جنسِ وفا کی ہے تازہ بازاری
فصیلِ عشق سے لٹکا عذابِ گرد بھی میں

میں ہوں کہ مجھ سے ہے میرے لہو کی گرم روی
حصارِ موجۂ سیلاب جسم سرد بھی میں

میں ایک ایسی ہوں آواز جو کہیں نہ سنے
جو انجمن میں نہ ہو ایک ایسا فرد بھی میں

ہے میری ذات سے ہونے نہ ہونے کی تفصیل
زمیں زدہ ہوں مگر آسماں نورد بھی میں

مجھے یہ فخر کہ مجھ سے ہوئی ہے زیست شمار
مجھے یہ علم کہ ہوں اب متاعِ درد بھی میں

مرا وجود کہ دنیا کو آئینہ ہے طور
جو ہو کتاب میں رکھا ہوا بُرگِ زرد بھی میں

لگتا ہے جی کو کیسا اچھا ہو جانا
زخم کا میرے دل سے گہرا ہو جانا

اپنے ہونے کا کچھ دینا ایسے سراغ
رات کے غالی طشت پہ تارا ہو جانا

کام تو مشکل ہے لیکن مشکل بھی کیا
پانی کی اک بوند کا دریا ہو جانا

میرا اک پل تکنا اس کے چہرے کو
اور پھر دنیا سے بیگانہ ہو جانا

کیسا لگتا ہے دشمن لشکر کے بیچ
کیسا ہوتا ہے مٹی کا ہو جانا

ایک چراغ کا جلنا شب کے اندھیرے میں
اور مرا اس بزم میں تنہا ہو جانا

یہ اک عمر اکیلے کیسے کاٹو گے
مقدر تمہیں لازم ہے کسی کا ہو جانا

رشتوں میں زوال کہاں سے آیا
ان شیشوں میں بال کہاں سے آیا

جیسے سامنے ہو وہ شخص میرے
مجھ کو یہ خیال کہاں سے آیا

جب خود کو سپرد کیا ہے اس کے
پھر دل میں ملال کہاں سے آیا

بیگانوں کا شہر اگر نہیں ہے
اپنوں کا سوال کہاں سے آیا

دیکھوں تو نصیب میں کیا لکھا ہے
یہ حرفِ وصال کہاں سے آیا

ہیں اس کی روشنی سے اگر منور
بندوں میں زوال کہاں سے آیا

ہوں اس سے بچھڑ کے میں طورؔ زندہ
مجھ میں یہ کمال کہاں سے آیا

خلاک میں پنہاں سب کیف و کم کم کھل جاتا
آنکھیں رستیں تو یہ بھی بھرم کھل جاتا

ریت کے ذروں پر ہی نہ کوئی نقش ابھرا
پل بھر میں رازِ نشاطِ غم کھل جاتا

کب قربانی لہو کی را ئیگاں جاتی ہے
ایک بند ہوتا ایک علم کھل جاتا

جب اس کی پہچان مجھ پر لازم تھی
تو مجھ پر رازِ وجود و عدم کھل جاتا

کیا اسرار ہے اب اس ہونے نہ ہونے میں
کھلتے کھلتے اک یہ بس بھرم کھل جاتا

ظاہر تو ہونا تھا اس کو لیکن وہ
دل کی محدود فضا میں کم کھل جاتا

حد سے بڑھ کی سر شاری بھی اب موت تھی ملولؔ
میں رہتا تو یہ نشۂ غم کھل جاتا

اپنی اس خواہش کا گھوڑا بھرنے کے لئے
اور ایک آسمان قدم دھرنے کے لئے

ہر لمحہ اک موجِ سراب سے آنکھوں میں ہے
آدمی شاید جیتا ہے مرنے کے لئے

اک بس اس کی نشانی زندہ رہتی ہے
ورنہ ہر موسم ہے گزرنے کے لئے

اس دنیا میں جینا کوئی آساں تو نہیں
یہ بھی تماشا کافی ہے کرنے کے لئے

پتھر بن کر دیکھا اڑتے پرندوں کو
اور اک عمر لگی یہ زخم بھرنے کے لئے

لوگوں سے اس دل کا لگانا کیا معنی
یہ دنیا ہے ایک رات ٹھہرنے کے لئے

طورؔ مجھے ایک ناتمام تعلق کی
خاک ہے کافی اس دل میں بھرنے کے لئے

ہم اک موجِ تہہِ آب کی منزل والے
ہم کو کیا جیتے رہیں یہ ساحل والے

جھوٹ پہ قائم ہے سب کارو بارِ جہاں
آج کہاں ملتے ہیں سچے دل والے

داد ان آنکھوں کے بھرم کو دینی ہوگی
دور سے لگتا ہے پاس ہیں منزل والے

اور نہیں کچھ کرتا تو کر یاد اسے
یہ کہنے کی باتیں ہیں اے دل والے

تو نے ہے پایا اب سمجھ کر پاؤں دھرا
وہ اک گہرا سمندر ہے ساحل والے

نہ مٹی کی مایا سے بہہ مایا ہے
اماصل کو ڈھونڈتا ہے حاصل والے

ان کو اک خاص نظر سے دیکھنا ہوگا
طورؔ بہت کم یاب ہیں اب دل والے

آنسو کا ہر قطرہ مندر لگتا ہے
غم اندر ہے لیکن باہر لگتا ہے

میری تو ہر پیاس ہی آب سراب ہوئی
مجھے تو سارا جہاں اپنا گھر لگتا ہے

کھلتی ہیں پیار کی کلیاں ہنس مکھ چہروں پر
یہ موسم تو کچھ کچھ اندر لگتا ہے

بند پڑے ہیں شہر کے سارے دروازے
یہ کیسا آسیب اب گھر گھر لگتا ہے

کیوں یہ بدن کا خالی کمرہ گونجتا ہے
کیوں یہ دیکھا ہوا سا منظر لگتا ہے

جسم کے تہہ خانے سے نکل کے دیکھوں گا
باہر آکر کیسا یہ گھمسر لگتا ہے

مانا دنیا طورؔ سرائے فانی ہے
لیکن یوں ہی رہے گی اکثر لگتا ہے

دیتا ہے کوئی مجھے صدا باہر آ
اسے میرے بدن میں قید ہوا باہر آ

کب سے ہلا رہا ہوں زنجیرِ درِ شب
تو ہی نے کر ہاتھوں میں دیا باہر آ

کیوں بنا ہوا ہے تو دشمنِ زمانے کا
گزرا ہے کیا تجھ پہ سانحہ باہر آ

طاق میں کب سے سجا رہا ہوں یادِ چراغ
تو ہی تو ہے اک میرا آشنا باہر آ

کب تک تو آسماں میں چھپ کے بیٹھے گا
مانگ رہا ہوں میں کبھی دعا باہر آ

تجھے یقین اگر ہے اپنے ہونے کا
آ اے میری جانِ بے نوا باہر آ

سنگِ ملامت سے نکل جاتے تو جانیں
طورؔ اس شہرِ منافق میں ذرا باہر آ

ہاتھ پہ موجِ آنکھوں میں صحرا رکھتا ہوں
جیسے بھی ہو میں خود کو زندہ رکھتا ہوں

اک آواز مجھے بھی ساتھ ہی لے جائے
گھر پر بھی پیروں میں رستہ رکھتا ہوں

یہ دنیا تو اک جنسِ بازاری سی ہے
میں اس بزم میں خود کو تنہا رکھتا ہوں

اک مشعل سی میرے لہو میں جلتی ہے
میں پیشانی پر اندیشہ رکھتا ہوں

وہ میرے ماضی پر نظریں رکھتے ہیں
میں اپنی دسترس میں فردا رکھتا ہوں

دل سے کہ جو بہتی ہے اک دریا کے سمان
ہاتھوں میں اک ایسی بھی ریکھا رکھتا ہوں

زخمی دلوں پہ لگاتا ہوں میں مرہم طورؔ
میں اپنے بولوں کو میٹھا رکھتا ہوں

اک تو غم سارے کا سارا باقی ہے
دیکھوں کیا کچھ اور ہمارا باقی ہے

اس کے وصل نے یہ کیسی حالت کردی
آنکھیں بند ہیں اور نظارہ باقی ہے

یہ میری تقدیر کا منظر ہو نہ کہیں
آسمان پر ایک ستارا باقی ہے

دن ہے اگر قائم تو رد شن ہے تصویر
آنکھیں اگر زندہ ہیں نظارا باقی ہے

دیکھو تو کیا کھیل رچایا ہونی نے
جوگی گم ہے اور اکتارا باقی ہے

اب جتنے بھی دعدکتے اس سے پورے ہوئے
اب اس کا بس ایک اشارہ باقی ہے

یہ جیون اک کربلا کی جنگ تھا طورؔ
دیکھوں تو کون کون پیارا باقی ہے

اس کی چاہ میں اب کے یہ بھی کہاں ہوا
خود سے یہں باہر آیا تو اک مثال ہوا

درد کی بیڑی شام سے ہی نج اٹھتی ہے
میں تو اس کے فراق میں اور بدحال ہوا

وہ میری تعریفوں کا اب محتاج نہیں
وہ چہرہ تو خود ہی ایک مثال ہوا

خود ہی چراغ اب اپنی لو سے نالاں ہے
نقش یہ کیا ابھرا یہ کیسا زوال ہوا

اب تو سننا بھی بولت لگتا ہے
اپنے آپ میں یہ بھی ایک کہاں ہوا

میں اپنی تنہائی سے شاید عاجز تھا
اس آہٹ کا ورنہ کیسے خیال ہوا

وہ بھی مجھ کو بھلا کے بہت خوش بیٹھا ہے
میں بھی اس کو چھوڑ کے طورؔ نہال ہوا

وقت کی تختی کو روشن کر جاؤں گا
شام آئے تو میں اپنے گھر جاؤں گا

لوحِ دشت پہ نام تو اپنا رقم کر دوں
اس سے زیادہ کیا ہوگا مر جاؤں گا

سبتے دم تک دنیا یاد کرے گی مجھے
خالی آنکھوں میں آنسو بھر جاؤں گا

میرا گھر میرے بیٹے آباد رہیں
مرنا بس ٹھہرا تو میں مر جاؤں گا

پہنچا ہوا ہوں اب چپکے اس نقطے پر
ذرا سی آہٹ ہوگی تو ڈر جاؤں گا

وہ کب تک کتنی کترائے گا مجھ سے
میں تو اس کی گلی میں اکثر جاؤں گا

خود کا قرض اتا روں گا کچھ ایسے طور
اس کے نام یہ سب دنیا کر جاؤں گا

تجھ بن ہوگیا ہوں میں بے تاب ۔ ادھر آ
پھرے اسے مہرِ عالم تاب ۔ ادھر آ

ایک انوکھی لذت کا میں ہوں منتظر
چمک اور اے خنجرِ دل شاداب ۔ ادھر آ

مت گذر اس آنکھ کی کھڑکی سے چپ چاپ
اے منظرِ خوشبو رنگ اے خواب ۔ ادھر آ

میں بھی ہوں اک دستِ دعا کی تلاش میں
مجھ سے بھی کہتا ہے مہتاب ۔ ادھر آ

دورے کیے اشارے تو کئے جاتا ہے
آنکھ کے سکھ لے منظرِ نایاب ۔ ادھر آ

اس سینے سے لگا دوں تجھے ٹھنڈک پاؤں
اے میرے دوست مرے مہتاب ادھر آ

بیکراں فقط اک تو ہے اک میں ہوں طورؔ
ہو گئے سبھی دریا نایاب ۔ ادھر آ

کھل نہ سکے گا دلِ دروازہ آؤ چلیں
اتنا ہے بس اک آوازہ آؤ چلیں

اے اس دل کے ٹکڑے جوڑنے والو سنو
کب کا بکھر چکا شیرازہ آؤ چلیں

سینہ ہو روشن تو ہو جاتا ہے کیا ہے کیا
تم کو نہیں اس کا اندازہ آؤ چلیں

جنم جنم سے غم کی آگ میں جلتے ہیں
کوئی یہ زخم نہیں ہے تازہ آؤ چلیں

اپنی دھن میں ہم تو آگے نکل گئے
دیتا رہا کوئی آوازہ آؤ چلیں

تم تو پہلی بار ملے ہو تم کو کیا
ہجر کی راتوں کا اندازہ آؤ چلیں

پاس پاس ہیں پھر بھی کتنا فرق ہے طورؔ
میرا اور اس کا دروازہ آؤ چلیں

بھلا کہاں کسے ممکن ہے یہ ادا ہر بار
چراغ رکھتا ہے لو پر دم ہوا ہر بار

تو اپنے ہاتھوں کی ٹھنڈک سے کر مجھے مانوس
تو میری آنکھوں پہ رکھ شعلہ حنا ہر بار

کبھی تو میرے لہو کے نشاں بنیں گے پھول
میں غم کے دشت سے گزرا برہنہ پا ہر بار

یہ میری ذات سے نسبت ہوئی ہے اب کس کو
میں خود کو دیکھتا ہوں کیوں جدا جدا ہر بار

کبھی تو چمکے گا دل راس آئے گی دنیا
جہاں سے گزرا ہوں یہ سوچتا ہوا ہر بار

بچا کے رکھے سلامت نہ کوئی جاں اپنی
سنائی دیتی ہے بس اک یہی صدا ہر بار

وہ ٹھوکرے کیوں مری باتوں پہ غصہ کرتا ہے
اکھڑتا کیوں ہے اسے میرا پوچھنا ہر بار

دوست کرتے ہیں سلوک اجنبی زمانے والا
میں جو ہوں تنہا تو کوئی نہیں آنے والا

اکس ہی انداز پہ کب بتا ہے دنیا کا نظام
ایک دن روئے گا انہوں کو رلانے والا

جو مری جاں تھا گلا تھا جو مری سانسوں میں
اب وہی شخص ہے منہ پھیر کے جانے والا

جتنی پہچان ہے اب اس کے حوالے سے ہے
آئینہ مجھ کو جو ہے روز دکھانے والا

یہ دعا ہے کہ جہاں بھی رہے بس شاد رہے
میری آنکھوں کو چراغوں سے سجانے والا

بکھرے اڑ جاؤں گا چڑیوں کی طرح میں اک روز
دیکھ لینا یہ تماشا ہوں دکھانے والا

دل کی دہلیز پہ کیوں طوؔر جلاتے ہو دیا
اس خرابے میں بھلا کون ہے آنے والا

یہ زمیں آسماں زوال آمادہ
میں ہی کیا کُل جہاں زوال آمادہ

اس کا ہر لفظ قائم و دوام پذیر
اور میرا بیاں زوال آمادہ

چاہے دل ہو کہ تتلیاں کہ پھول رُتیں
جو بھی کچھ ہے یہاں زوال آمادہ

ایک میں ایک اُس کا نام مگر بے
باقی سب درمیاں زوال آمادہ

اپنے ہونے نہ ہونے کا ہے خوف اب تو
خیمۂ ہو گماں زوال آمادہ

دوستی، دشمنی یہ انحراف، اثبات
طورؔ سب رائیگاں زوال آمادہ

لفظوں میں اثر کہاں سے آیا
رستے میں یہ گھر کہاں سے آیا

میں ہجر میں مسکرا رہا ہوں
مجھ میں یہ ہنر کہاں سے آیا

اک آگ سی اب لگی ہوئی ہے
پانی میں اثر کہاں سے آیا

نیزوں پہ سروں کو دیکھتا ہوں
دیوار میں در کہاں سے آیا

تو دینے لگے ہیں خاک داں بھی
مٹی میں اثر کہاں سے آیا

اب میں کیا بتاؤں مجھ میں اے طور
جینے کا ہنر کہاں سے آیا

ساعت جو یہ امتحان کی ہے
موضوع مرے بیان کی ہے

وہ آنکھ اتر گئی ہے دل سے
یہ بات بھی درمیان کی ہے

کیا بیل اُگی ہے چاہتوں کی
دیوار یہ کس مکان کی ہے

وحشت میں اسے زمیں نہ سمجھو
یہ شاخ بھی آسمان کی ہے

روشن ہی سہی چراغِ امکاں
وہ فصل جو میری جان کی ہے

سب طور جسے پکارتے تھے
یہ خاک اسی جوان کی ہے

آگے آگے چلتا ہے جو صحرا ہے یہی
اسے دنیا دیکھنے والو دنیا ہے یہاں

اپنی انا پر کہاں یقیں کرنے چلے ہو
جو دولت کا لٹتا ہے وہ دریا ہے یہاں

اسے میری بات بات پر ہنسنے والو
عرش سے جو نازل ہو وہ صحیفہ ہے یہاں

میں تو ایک جوالامکھی پر بیٹھا ہوں
کچھ بھی ہو یہ میری تو بس پوجا ہے یہاں

کہیں کھو جاؤں میرے تعاقب میں آئے گا
میری جان کا دشمن مرا سایہ ہے یہی

جیسے کوئی خواب سر سے گزرے طور
میرا اس دنیا سے بس رشتہ ہے یہی

پیچھے آنے والوں کو راہ دکھاتے ہیں
دشتِ دل میں ہم بھی خاک اڑاتے ہیں

کون اپنوں سے بچھڑ کر زندہ رہتا ہے
جانے والو موسمو ہم بھی آتے ہیں

خوابوں کو دیتے ہیں نشانی ہونے کی
یہی تو ہے وہ معجزہ ہم جو دکھاتے ہیں

جینا ہے تو لفظوں کو آسانی دے
بولنے والے اک چپ سے مر جاتے ہیں

یہ دنیا بھی میرے وجود کا حصہ ہے
ایسے خیال بھی مجھ کو اکثر آتے ہیں

طور کچھ ایسے لوگ بھی ہم نے دیکھے ہیں
جو کہ کہیں آتے ہیں اور نہ جاتے ہیں

رگِ گلو پہ نقشِ خنجر کا کہنا کیا
دمک رہے ہیں منّے کے گھر کا کہنا کیا

باہر کی دنیا بھی بہت نرالی ہے
لیکن اندر کے منظر کا کہنا کیا

رقم ہے جو لوحِ صحرا پر آنکھ ہے وہ
اگلے پاؤں پچھلے اِک در کا کہنا کیا

دل کا خزانہ دیے بھی لٹنے والا تھا
وہ آیا تو اس سے شکر کا کہنا کیا

سات سمندر پار بھی جا کر دیکھ لیا
گھر تو آخر گھر ہے گھر کا کہنا کیا

اِن آنکھوں میں جس کی رونق وہ زیست ہے طورؔ
دار پہ ہو جو سر اس سر کا کہنا کیا

شورِ نوا میں کون چپ کا پہلو بنے تو ہو
اس اک ہجومِ دوستاں میں تو بھی تو ہو

روزنِ درسے ان آنکھوں کو لگا لوں میں
لیکن تیرے پیرہن کی خوشبو بھی تو ہو

میں بھی تمہیر غزال میں پتھر بن جاؤں
ظاہر اس کے لمس کا اب جادو بھی تو ہو

پیاس اب سراب نہیں تیغ نیام نہیں
مشکیزہ خود فرات ہے بازو بھی تو ہو

کھینچ لوں میں بھی جسم میں ٹھنڈک موسم کی
لیکن اسے ملن الب جو بھی تو ہو

دل کی روِنق ہے اک منور منظر طورؔ
کابل راتوں میں اب کوئ جگنو بھی تو ہو

لذّت آساں بعد ترکِ لذّت مشکل
ہے طاق پر چڑھی ہوئی یہ دولت مشکل

ہر آنے والا لمحہ بھی کہتا ہے
آنکھیں یوں تو اِنکارِ حقیقت مشکل

ساری دنیا تیرے زیرِ قدم بھی ہے
لیکن سائیں اک دل پہ حکومت مشکل

جب مٹی میں بھوک کی تا نیند اتنی ہے
تب اک چلو پانی پہ قناعت مشکل

کب تک سب کے ماتھے پہ سورج رکھوں گے
اس اک کام میں ہوتی ہے برکت مشکل

اپنی ذلت سے بھی انکار کیے جاتے ہو
چھوٹتی ہے کہو تمہیں یہ عادت مشکل

پتھر میں یہ ایک شجر بونا بھی ہے
آخر کو دنیا میں ہمیں ہونا بھی ہے

کب تک ان ہونٹوں پر پھول سجاؤ گے
ان آنکھوں کو اک دن تو رونا بھی ہے

دیکھنی ہے اک ان دیکھی شے افق کے پار
گہری نیند میں آنکھوں کو سونا بھی ہے

اس کے حکم کی کتنی ہی سرتابی کریں
لیکن یہ داغ اک دن تو دھونا بھی ہے

میں کب سے خود اپنی ہی پہچان میں ہوں
اس فانی دنیا میں کچھ ہونا بھی ہے

چمک رہا ہوں تو کسی اک نیلم سا
جو پایا ہے اس کو اب کھونا بھی ہے

دل سا نقشِ نمود ہی جب نہ ہو اپنے زیر
دونوں جہاں کی رونقیں اک مٹی کا ڈھیر

شبنم سے کیوں خواہشِ موتی بننے کی
مٹنا ہی جب ٹھہرا تو پھر کیا دیر سویر

کب اس دھرتی سے ملتا ہے یہ آکاش
آنکھ کا دھوکا ہے یا پھر ہے سمجھ کا پھیر

ساری تمازت ہے اک لہو کی گردش سے
جاں نہ ہو تو یہ بدن بس اک گوشت کا ڈھیر

آسمان کو تکتا ہوں حیرانی سے
آخر اب ہے میری پہچان میں کتنی دیر

کتنا ہی گماں تھا اپنے بدن پہ طور
لیکن اک پل میں یہ مکان ہو گیا ڈھیر

نشاطِ سبز کا امکاں مرے لہو میں ہے
عجب طرح کا سراغ اب کے فصلِ ہو میں ہے

ہے میرے ماتھے سے اس کی نشانیاں پیدا
بس اک کتاب ہی تو میری گفتگو میں ہے

عزیز جس سے نہیں ہم یہ جان و دل میرے
اک ایسا چہرہ بھی اب کے صفِ عدو میں ہے

بکھر رہا ہوں بساطِ زمیں پہ مثلِ گرد
یہ کس طرح کی فضیلت نویدِ ہو میں ہے

مقام کوئی بھی ہو میرا چہرہ روشن ہے
بس اک لہو ہی تو ہے جو رگِ گلو میں ہے

پہچان کاٹ کے ظاہر ہے یک شاخِ سبز
غضب کی برتری طور اسے رگِ نمو میں ہے

بلاوا کون سا کوہِ ندا میں رکھا ہے
چراغ ہم نے جو اپنا ہوا میں رکھا ہے

وہ چاہے بخشش دے ذلت کہ سرفراز کرے
بس اک یقیں ہے جو ہم نے خدا میں رکھا ہے

عدم وجود میں بھرتی ہے اک رگِ موجود
اب اور اس کے سوا کیا دعا میں رکھا ہے

دہ خودشناسی اگر ہو تو کیا نشاطِ عشق
رقم نہ ہو تو کیا حرفِ نوا میں رکھا ہے

سفر نہ ہو تو یہ لطفِ سفر بے بے معنی
بدن نہ ہو تو بھلا کیا قبا میں رکھا ہے

جو دیکھو غور سے کچھ کم نہیں ہے یہ بَئ طور
اک افطارِ سکونِ ہوا میں رکھا ہے

پتھر پڑیں جو چھت پر تو گھر کھوتے نہیں
راتوں کا خوف وقتِ سحر کھوتے نہیں

آنکھیں ہوں بند اگر تو بے فائدہ آئینے
پتھر ہوں پاؤں میں تو سفر کھوتے نہیں

تھکے ہوئے سروں کو فصیلوں سے پیار کیا
دشمن ہو سامنے تو نگر کھوتے نہیں

بے کیسا خوف پھیلایا کہ ڈرتے ہیں سب کے سب
یوں لوگ اپنے بندِ کمر کھوتے نہیں

کیوں مٹھیوں میں بند کئے ہیں مگر صدف
کیوں اپنی خوشبوؤں کو شجر کھوتے نہیں

تم قطرہ جلانے کیسی انا کے اسیر ہیں
مرتے ہوئے بھی رختِ سفر کھوتے نہیں

سرِ سبز بہت شاخ ہو ے نکلی
یہ فصل بھی امکانِ نمو ے نکلی

ہے چاروں طرف جیسے کہ اک چپ کی نوا
کیسا طرز تھی جو خیمۂ ہو ے نکلی

ہے دور تک اک تیز چمک کی بارش
کیا روشنی سی میکر ہو ے نکلی

اک موج زیادہ تھی فنا ہونے کو
اک عمر کہ کم لمحۂ ہو ے نکلی

ظاہر میں بی مہکانے مری جاں کو طورؔ
انجانی سی خوشبو لبِ جو ے نکلی

آنکھوں میں اک رات کے بسنے کی ہے دیر
رونے کی ہے دیر نہ ہنسنے کی ہے دیر

اک یہ بھی ہے کہ کیسا امڈا آتا ہے
اس بادل کو کھلنے کے برسنے کی ہے دیر

اس کے خوش کرنے کو کم ہے میری دعا
یعنی ابھی پھولوں کو ہنسنے کی ہے دیر

اک نیرنگ تماشا اور اب ڈھونڈنا کیا
آنسو نکل آئیں گے ہنسنے کی ہے دیر

ہم تو شاید اپنی اب جان پہ کھیل بھی جائیں
طورؔ اس بستی کو اک بسنے کی ہے دیر

درد کی دھرتی میں سکھ کا بیج کا بونا کیا
اک جیسا ہے اب پانا کیا کھونا کیا

اس کی نظر ہے ان کی قیمت ہے ورنہ
کایا کی چاندی کیا من کا سونا کیا

مٹی کھلی ہو مٹی بند ہو اک سی بات
مٹی کا ملنا کیا مٹی کا گم ہونا کیا

جان کے ٹھکرایا ہو جن کو اپنی انا میں
ان رشتوں پر آنکھیں بھر کر رونا کیا

دل پہ دوئی کی کالی لکیر ہو طور تو پھر
آنکھوں کا بجھنا کیا رو شن ہونا کیا

منتظر ہوں میں دفا کا دیکھنے والا سب سے کون
یعنی اک کرب انا کا دیکھنے والا ہے کون

میں تو اک بنجر زمیں میں ہوں بے مثال نخلِ سبز
مجھ میں میرے خوں بہا کا دیکھنے والا ہے کون

میں وہ منظر دیکھتا ہوں جو کبھی دیکھا نہ تھا
دیکھوں تو اب اس ادا کا دیکھنے والا ہے کون

جوششِ میں کس کو ہے تخلیقِ تمنا کا خیال
گرد میں موجِ ہوا کا دیکھنے والا ہے کون

میں کے آئنۂ رنگ سمجھوں کے پیمانوں طور
مجھ کو اب مجھ سے سوا کا دیکھنے والا ہے کون

آخر اِن کچے رنگوں کی بساط بھی کیا
اتنی زعفرانِ لمس احتیاط بھی کیا

ہر اک نقش ہی دل کا جب باطل ٹھہرا
نشاط بھی کیا پھر حاصلِ نشاط بھی کیا

میں خود ہی اپنے خنجر کے مقابل ہوں
آخر اوروں کو وجہِ احتیاط بھی کیا

پہلے ہی اک امتحان سے کم نہ تھی زحمت
اب آئے گا سامنے پل صراط بھی کیا

چنا گیا ہوں تیری دیوار میں زندہ
اب اسے غم مجھے اتنی احتیاط بھی کیا

کیا بتاؤں کہ ایسا کیا ہے میرے اندر
اک گلشن کھلا ہوا ہے میرے اندر

اپنی اپنی سی اب تو دونوں کر رہے ہیں
اک تو میں ہوں اور اک خلقہ ہے میرے اندر

باغِ دنیا کو پھول خود کو سوچتا ہوں
یہ عجب سا کیا سما گیا ہے میرے اندر

میری نظریں کبھی افق کے پار ہوں گی
اک ایسا ہی سلسلہ ہے میرے اندر

جس کو رکھتا ہے اپنے ملتے تو سب اکر
تم تو پیارے وہی خدا ہے میرے اندر

صحراؤں پہ نقش سمندر یاد رہا
ستھے پردیس میں ہم لیکن گھر یاد رہا

میں نے جب بھی دیکھا اس کے حوالے سے
آنکھوں کو اک اک منظر یاد رہا

وقت کی چڑیا میرے اس کے بیچ میں تھی
اس کو اپنا مجھ کو مرا گھر یاد رہا

اڑتے پرندے دانہ و دام کی گردش میں
منظر بھول گئے پس منظر یاد رہا

کون ہے جو میری قیمت پہچانے طورؔ
کس کو میرے سوا میرا گھر یاد رہا

موجود جو تھا معدوم سمجھ میں آیا
اک الٹا ہی مفہوم سمجھ میں آیا

میں جب پیڑ سے گر کے زمیں کی خاک ہوا
تب اک عالم موہوم سمجھ میں آیا

میں بھی میں ہوں آنکھ اٹھتی ہے جدھر بھی اب
نامعلوم بھی معلوم سمجھ میں آیا

اسے منتر بھی شاید میں پڑھتا ہوں
جو ظاہر تھا معدوم سمجھ میں آیا

زیست کو میں اک آپ رواں کہتا ہوں طور
کیا تجھ کو یہ مفہوم سمجھ میں آیا

دلوں پہ لفظ گریزاں کتابیں رکھ دوں پھر
وہ پڑھ بتا ہے تو عکسِ عتاب رکھ دوں پھر

جسے گماں ہے خوشی کا نغمہ ہر اک غم کی
میں اس کے سامنے سارے حساب رکھ دوں پھر

دوں ریگ زارِ بدن کو نئے لہو کا لمس
نظر کے سامنے رنگِ سراب رکھ دوں پھر

میں اپنی خندہ نمائی سے خود بھی نادم ہوں
کھلوں تو ایسے کہ دل کی کتاب رکھ دوں پھر

پلٹ دوں سارے نشانے اسی کے اس پہ کھود
سوال ہو کہ وہ ہو میں جواب رکھ دوں پھر

نفی تھا خود کی کہ نوحہ حساب تھا وہ بھی
بس ایک مٹتا ہوا سا ثواب تھا وہ بھی

افق نگاہ سے دونوں پہ مہرِ نشاط زیاں
جو میں تھا نشۂ قدم تو سراب تھا وہ بھی

بہت سی باتیں ہیں جے یاد تھیں خوش آنے کی
بس ایک لمحہ میں حرفِ حجاب تھا وہ بھی

ہماری آنکھ جے چوم لینا چاہتی تھی
جو دیکھتے تو خوش امکاں سراب تھا وہ بھی

جے تھی خوشیاں میسر ہر اک قدم پر طور
اب اس نگاہ میں خانہ خراب تھا وہ بھی

ہجومِ جاں میں ہے یہ آگہی بلا خود کو
سمجھ رہا ہوں بس اک موجۂ ہوا خود کو

یہ کیا سکوں ہے کہ جو دل کو چیرے جاتا ہے
یہ کیسی چپ ہے کہ سنتا ہوں بار بار خود کو

متاعِ ترک و قبول اس کے سامنے رکھ دے
وبالِ جرمِ تمنّا سے اب بچا خود کو

کرو گے سارے جہاں سے مفاہمت کیسے
کہ اس سے نظرے تماشا ہے دیکھنا خود کو

مری شناخت اگر بس ہے تو بس اسی سے ہے
میں تھور کیسے کروں اس سے اب جدا خود کو

سراب خوردہ سہی آنکھ باغ پانی میں تھے
بے اعتماد تھے جتنے چراغ پانی میں تھے

ظلمِ ریگ سے اس کا حساب کیا کرتے
نظر جو آتے تھے سارے سراغ پانی میں تھے

جب اپنے آپ سے ٹوٹا تو یہ کھلا مجھ پر
اندھیرے سامنے تھے اور چراغ پانی میں تھے

ہم اپنے خون سے کیا کرتے کشتِ خوں سیراب
نمو طلب ہی سہی یہ سراغ پانی میں تھے

کوئی بھی دشتِ ندا سے نہ واپس آیا تھا
ہر ایک آنکھ کے افسوں ایاغ پانی میں تھے

کیا اسرار ہے جو تھا وہی غافل تھا یہاں
میں ہی مقتول یہاں تھا میں ہی قاتل تھا یہاں

سر کے کٹنے کی جسے دینی تھی اوردوں کو نوید
اک ہجوم ایسا بھی اس بھیڑ میں شامل تھا یہاں

رنگ جو بکھرے یہاں تھے وہی پھکے نکلے
نقشِ پختہ نے بھے وہی باطل تھا یہاں

دل ہوا آئینہ تو بن جاتے ہیں بگڑے سب کام
جو نہ ملنا تھا مجھے اب وہی حاصل تھا یہاں

کوئی پیشانی نہ چکی یہ الگ بات ہے طور
اک جہاں کہنے کو تو میرے مقابل تھا یہاں

کیوں مجھے محسوس یہ ہوتا ہے اکثر رات بھر
سینے پہ شب بھر چمکتا ہے سمندر رات بھر

ایک برقِ زرد لہراتے توقع ختم ہو
کیوں ڈراتے رکھتا ہے مجھ کو مرا گھر رات بھر

اب رہے گا زیست میں لمحہ بہ لمحہ عذاب
اب کھلے گا اک فسوں منتظر بہ منظر رات بھر

میں ہوں کیا اور کیا مری پہچان اب اس کے بغیر
میں بجے سینے میں رکھتا ہوں سماکر رات بھر

آسماں ہونے نہ ہونے کا نہ ہو در پیش اب طور
اک صدا سی گونجتی ہے میرے اندر رات بھر

یہ ایک خیمہ ہو بے جہت نشاں پیدا
وہ اک نظر کہ ہوا جس سے کل جہاں پیدا

زمین کس کو وفا کا خراج دینے لگی
کہ اس موسمِ مقتل سے ہے آسماں پیدا

کبھی رہ بسے گی نہ قائم اک آشنا خوشبو
یہ جنس وہ ہے جو ہوتی ہے رائیگاں پیدا

تو اپنے جوشِ تمنا کو قیدِ سینہ نہ کر
کہ ایسی خاک تو کرتی ہے آسماں پیدا

نہ بے نیاز ہے وہ اور نہ بے کناں ہے یہ
نہ آئینہ ہے یہ دل اور نہ وہ نشاں پیدا

میں ہوں شمشیرِ بکف اب کیا لبے
دیکھتا میری طرف اب کیا ہے

تیرے ہونے سے ہے اب ساری بات
میرے ہونے کا شرف اب کیا ہے

آنکھ سے کھلتا نہیں دل کا جہاں
تو بہرِ خاک مدفن اب کیا ہے

اَب بہمک بے مری پیشانی کی
اور کچھ میری طرف اب کیا ہے

جب معانی ہی نہیں بند اس میں
طور پھر شعر مدفن اب کیا ہے

جاگنے کا یہی موسم ہے کوئی پل ٹھہرو
اب مجھے فرصتِ یک دم ہے کوئی پل ٹھہرو

میری اِن آنکھوں کے خورشید نہ بجھنے پائیں
زندگی قطرۂ شبنم ہے کوئی پل ٹھہرو

دل دھڑکنے کی بھی آواز ہوئی ہے معدوم
ایک سناٹے کا عالم ہے کوئی پل ٹھہرو

کتنے منظر مری آنکھوں میں سمٹ آئے ہیں
میرا یہ بھرم بھی اب کم ہے کوئی پل ٹھہرو

نقش کرنے کو تو ہو سینۂ دنیا پہ وفا
یہ زمیں طور بہت نم ہے کوئی پل ٹھہرو

گُم رہتا عکس سے اپنے ہی آنے والا بھی
غبار نکلا مجھے آزمانے والا بھی

ہر ایک ___ موج میں پانی کے رُو بہ رُو نکلا
عجیب آدمی تھا ڈوب جلنے والا بھی

کسی چراغ کی لَو سا یہاں لرزتا ہے
بس اک گماں سے ہے ہر اک آنے جانے والا بھی

عجیب طرح کے تماشے کا سامنا تھا مجھے
تہی نگاہ تھا دنیا کو پانے والا بھی

ہوا ہے دور جو اب میری دسترس سے طور
کبھی دی تھا مرے پاس آنے والا بھی

پانی مکاں اگلے قدموں میں
اک اِک جہاں اگلے قدموں میں

صورت اگر ہے یہی دل کی
امکانِ جاں اگلے قدموں میں

ہے پچھلے قدموں میں یہ دنیا
میرا جہاں اگلے قدموں میں

لکھ دیں ہواؤں کے چہرے پر
اگلا نشاں اگلے قدموں میں

صورت یہی ہو سفر کی طور
ہر آسماں اگلے قدموں میں

کم سلوکِ رحم ہوا مجھ سے پہلے تھا
اب نہیں ہے اگر تو کیا مجھ سے پہلے تھا

ایک چپ سے اُسے بہانہ بلا کیا
جانتا ہوں کہ وہ خفا مجھ سے پہلے تھا

بے خبر خود ہوں اور سمجھتا ہوں دنیا کو
کون بیگانۂ اَنا مجھ سے پہلے تھا

ہر نشاطِ زیاں کو سمجھا ہے کم امکاں
کیا یہ سرائۂ دنا مجھ سے پہلے تھا

امتاں سخت ہے اگر طورؔ تو کیا غم
طے شدہ لمحۂ دعا مجھ سے پہلے تھا

دل زیرِ گمّاں رہے تو بہتر
یہ خون رواں رہے تو بہتر

کیا پھول کھلے ہیں خواب رُت کے
برہم یہ جہاں رہے تو بہتر

پہچان نہیں ہے دشمنوں کی
بے قفل مکاں رہے تو بہتر

اب حرفِ جنوں نہ کہہ سکو گے
اب بند زباں رہے تو بہتر

خود اپنے خلاف بزم میں طور
اک تازہ بیاں رہے تو بہتر

میں وہم ہوں کہ حقیقت یہ حال دیکھنے کو
گرفت ہوتا ہوں اپنا وبال دیکھنے کو

چراغ کرتا ہوں اپنا ہر اک عضوِ بدن
ترس گیا ہوں غمِ لازوال دیکھنے کو

یہ آدمی ہیں کہ پتھّر جواب دیتے نہیں
چلے ہیں کوہِ ندا سے سوال دیکھنے کو

نہ شعر ہیں نہ ستائش عجب زمانہ ہے
کہیں یہ ملتا نہیں اب کمال دیکھنے کو

میں طورِ آخری ساعت کا ایک منظر ہوں
وہ آرہا ہے مجھے بے مثال دیکھنے کو

خود سے ملنے کے ہی کچھ اسباب نہ تھے
ورنہ یہ ظاہر ہے ہم کمیاب نہ تھے

اُن آنکھوں کو دیکھا تو ہم پر یہ کھلا
بات اور ہوتی کچھ یہ دریا پایاب نہ تھے

جاتی رُت کا اُن پر قہر پڑا آخر
جو بچتے اُن شاخوں پر شاداب نہ تھے

میری آنکھوں کے آنسو کا مول ہی کیا
یہ وہ نگینے ہیں جو کبھی نایاب نہ تھے

جتنا لرزشِ سے ظاہر ہوتا ہے
طور تم اتنا کہنے کو بے تاب نہ تھے

موجود جو تھا معدوم سمجھ میں آیا
اک الٹا ہی مفہوم سمجھ میں آیا

میں جب پیڑ سے گر کے زمیں کی خاک ہوا
تب اک عالم موہوم سمجھ میں آیا

میں بی۔ایس میں ہوں آنکھ اٹھتی ہے جدھر جی چاہے
نامعلوم بھی معلوم سمجھ میں آیا

اسے لے منتر بھی شاید میں پڑھتا ہوں
جو ظاہر تھا معدوم سمجھ میں آیا

زیست کو یوں اک آپ رواں کہتا ہوں گو
کیا تم سکو یہ مفہوم سمجھ میں آیا

دلوں پہ لفظ گر یزاں کتاب سے رکھ دوں پھر
دعا بتا ہے تو عکس ہر کتاب سے رکھ دوں پھر

بسے گماں سے ہے خوشی کا نقش ہر اک غم کی
میں اس کے سامنے سارے حساب رکھ دوں پھر

دروں ریگ زارِ بدن کو نئے لہو کا لمس
نظر کے سامنے رنگِ سراب رکھ دوں پھر

میں اپنی خندہ تمنائی سے خود بھی نادم ہوں
کھلوں تو ایسے کہ دل کی کتاب رکھ دوں پھر

پلٹ دوں سائے نشانے اسی کے اس پر کاٹھ
سوال ہو کہ نہ ہو میں جواب رکھ دوں پھر

نہیں تھا خود کی کہ نوحہ حساب تھا وہ بھی
بس ایک مٹتا ہوا سا ثواب تھا وہ بھی

افق نگاہ تھے دونوں پہ نشاط و زیاں
جو میں تھا آئینہ قدم تو سراب تھا وہ بھی

بہت سی باتیں ہے یادتیں خوش آنے کی
بس ایک لمحہ میں حرفِ حجاب تھا وہ بھی

ہماری آنکھ ہے جسے چوم لینا چاہتی تھی
جو دیکھتے تو خوشں امکاں سراب تھا وہ بھی

جے تھی خوشیاں میسر ہر اک قدم پر طور
اب اس نگاہ میں خانہ خراب تھا وہ بھی

ہجومِ جاں میں ہے یہ آگہی بلا خود کو
سمجھ رہا ہوں بس اک موجۂ ہوا خود کو

یہ کیا سکوں ہے کہ جو دل کو چیرے جاتا ہے
یہ کیسی چپ ہے کہ سنتا ہوں بار ہا خود کو

متاعِ ترکِ دِ قبول اس کے سامنے رکھ دے
وبالِ جرمِ تمنّا سے اب بچا خود کو

کرو گے سارے جہاں سے مفاہمت کیسے
کہ اس سے نظر سے تماشا ہے دیکھنا خود کو

مری شناخت اگر ہے تو بس اسی سے ہے
میں توڑ کیسے کروں اس سے اب جدا خود کو

سراب خوردہ سہی آنکھ باغ پانی میں تھے
بے اعتماد تھے جتنے چراغ پانی میں تھے

طلسمِ ریگ سے اس کا حساب کیا کرتے
نظر جو آتے تھے سارے سراغ پانی میں تھے

جب اپنے آپ سے ٹوٹا تو یہ کھلا مجھ پر
اندھیرے سامنے تھے اور چراغ پانی میں تھے

ہم اپنے خون سے کیا کرتے کشتِ خوں سیراب
نمو طلب ہی سہی یہ سراغ پانی میں تھے

کوئی بھی دشتِ ندا سے نہ واپس آیا طور
ہر ایک آنکھ کے افسوں ایاغ پانی میں تھے

کیا اسرار ہے جو تھا وہی غافل تھا یہاں
میں ہی مقتول یہاں تھا میں ہی قاتل تھا یہاں

سر کے کٹنے کی جسے دینی تھی اوروں کو نوید
اک ہجوم ایسا بھی اس بھیڑ میں شامل تھا یہاں

رنگ جو کچے یہاں تھے وہی پکے نکلے
نقشِ پختہ جتنے تھے وہی باطل تھا یہاں

دل ہو آئینہ تو بن جاتے ہیں بگڑے سب کام
جو نہ ملنا تھا مجھے اب وہی حاصل تھا یہاں

کوئی پیشانی نہ چمکی یہ الگ بات ہے طورؔ
اک جہاں کہنے کو تو میرے مقابل تھا یہاں

کیوں مجھے محسوس یہ ہوتا ہے اکثر رات بھر
سینۂ شب پر چمکتا ہے ہزاروں دراتؔ بھر

ایک برقِ نرد لبرائے توقف ختم ہو
کیوں ڈرائے رکھتا ہے مجھ کو مرا گھر رات بھر

اب رہے گا زیست میں لمحہ بہ لمحہ ک عذاب
اب کھے گا اک فسوں منتظر بہ منظر رات بھر

ہوں میں کیا اور کیا مری پہچان اب اس کے بغیر
میں جلے سینے میں رکھتا ہوں سہارا رات بھر

امتحاں ہونے نہ ہونے کا نہ ہو پیش نظر
لگ ہلا سی گونجتی ہے میرے اندر رات بھر

میں ایک خیمہ ہوں بے جہت نشاں پیدا
وہ اک نظر کہ ہوا جس سے کل جہاں پیدا

زمین کس کو وفا کا خراج دینے لگی
کہ اسمِ موسمِ مقتل ہے آسماں پیدا

کبھی رہے گی نہ قائم اک آشنا خوشبو
یہ جنس وہ ہے جو بکتی ہے رائیگاں پیدا

تو اپنے جوشِ تمنا کو قیدِ سینہ نہ کر
کہ ایسی خاک تو کرتی ہے آسماں پیدا

نہ بے نیاز ہے وہ اور نہ بے کنار ہے یہ
نہ آئینہ ہے یہ دل اور نہ وہ نشاں پیدا

جاگنے کا یہی موسم ہے کوئی پل ٹھہرو
اب مجھے فرصتِ یک دم ہے کوئی پل ٹھہرو

میری اِن آنکھوں کے خورشید نہ بجھنے پائیں
زندگی قطرۂ شبنم ہے کوئی پل ٹھہرو

دل دھڑکنے کی بھی آواز ہوئی ہے معدوم
ایک سناٹے کا عالم ہے کوئی پل ٹھہرو

کتنے منظر مری آنکھوں میں سمٹ آئے ہیں
میرا یاں مجھ سے بھی اب کم ہے کوئی پل ٹھہرو

نقش کرنے کو تو ہو سینۂ دنیا پہ وفا
یہ زمیں طورؔ بہت نم ہے کوئی پل ٹھہرو

گھبرا اٹھا عکس سے اپنے ہی آنے والا بھی
غبار نکلا مجھے آزمانے والا بھی

ہر ایک ۔۔۔ موج میں پانی کے رُو برُو نکلا
عجیب آدمی تھا ڈوب جلنے والا بھی

کسی چراغ کی لَو سا یہاں لرزتا ہے
بس اک گماں سے ہر اک آنے جلنے والا بھی

عجیب طرح کے تماشے کا سامنا تھا اُسے
تہی نگاہ تھا دنیا کو پانے والا بھی

ہوا ہے دور جو اب میری دسترس سے طور
کبھی وہی تھا مرے پاس آنے والا بھی

پانی مکاں اگلے قدموں میں
اک اِک جہاں اگلے قدموں میں

صورت اگر ہے یہی دل کی
امکانِ جاں اگلے قدموں میں

ہے پچھلے قدموں یں یہ دنیا
میرا جہاں اگلے قدموں یں

لکھ دیں ہواؤں کے چہرے پر
اگلا نشاں اگلے قدموں میں

صورت یہی ہو سمندر کی طور
ہر آسماں اگلے قدموں میں

کم سلوکِ رحم ہوا مجھ سے پہلے تھا
اب نہیں ہے اگر تو کیا مجھ سے پہلے تھا

ایک چپ سے اُسے بہانہ بنا کیا
جانتا ہوں کہ وہ خفا مجھ سے پہلے تھا

بے خبر خود ہوں اور سمجھتا ہوں دنیا کو
کون بیگانۂ آنا مجھ سے پہلے تھا

ہر نشاطِ زیاں کو سمجھا ہے کم امکاں
کیا یہ سرمایۂ وفا مجھ سے پہلے تھا

امتحاں سخت ہے اگر طورؔ تو کیا غم
طے شدہ لمحۂ دعا مجھ سے پہلے تھا

دل زیرِ گمَاں رہے تو بہتر
یہ خون رواں رہے تو بہتر

کیا پھول کھلے ہیں خواب رُت کے
برہم سیہ جہاں رہے تو بہتر

پہچان نہیں ہے دشمنوں کی
بے قفل مکاں رہے تو بہتر

اب حرفِ جنوں سے کہہ سکو گے
اب بند زباں رہے تو بہتر

خود اپنے خلاف بزم میں طورؔ
اک تازہ بیاں رہے تو بہتر

میں وہم ہوں کہ حقیقت یہ خال دیکھنے کو
گرفت ہوتا ہوں اپنا وبال دیکھنے کو

چراغ کرتا ہوں اپنا ہر اک عضو بدن
ترس گیا ہوں غمِ لازوال دیکھنے کو

یہ آدمی ہیں کہ پتھر جواب دیتے نہیں
چلے ہیں کوہِ ندا سے سوال دیکھنے کو

نہ شعر ہیں نہ ستائش عجب زمانہ ہے
کہیں یہ ملتا نہیں اب کمال دیکھنے کو

میں طورؔ آخری ساعت کا ایک منظر ہوں
وہ آ رہا ہے مجھے بے مثال دیکھنے کو

خود سے ملنے کے ہی کچھ اسباب نہ تھے
ورنہ یہ ظاہر ہے ہم کمیاب نہ تھے

اُن آنکھوں کو دیکھا تو ہم پر یہ کھلا
بات اور تھی کچھ یہ دریا پایاب نہ تھے

جاتی رُت کا اُن پر قہر پڑا آخر
جو تھے اُن شاخوں پر شاداب نہ تھے

میری آنکھوں کے آنسو کا مول ہی کیا
یہ وہ نگینے ہیں جو کبھی نایاب نہ تھے

جتنا لب لرزشس سے ظاہر ہوتا ہے
طورؔ تم اتنا کہنے کو بے تاب نہ تھے

خوشیوں کی تلاش میں

(مہاتما بدھ کی حیات)

خوشبو اوّل رسالہ کی چند نظمیں

(ہمہ تقابل وام ا اثریہ)

آبِ رساں پُنجی

سومنخ کی کمپیوزہ